Impressum
Verlag: BABADADA GmbH, Nedderfeld 112 , 22529 Hamburg
Geschäftsführer / Verlagsleitung: Harald Hof
Druck: Books on Demand GmbH, In de Tarpen 42, 22848 Norderstedt

Imprint
Publisher: BABADADA GmbH, Nodderfeld 112 , 22529 Hamburg, Germany
Managing Director / Publishing direction: Harald Hof
Print: Books on Demand GmbH, In de Tarpen 42, 22848 Norderstedt

escuela

koulu

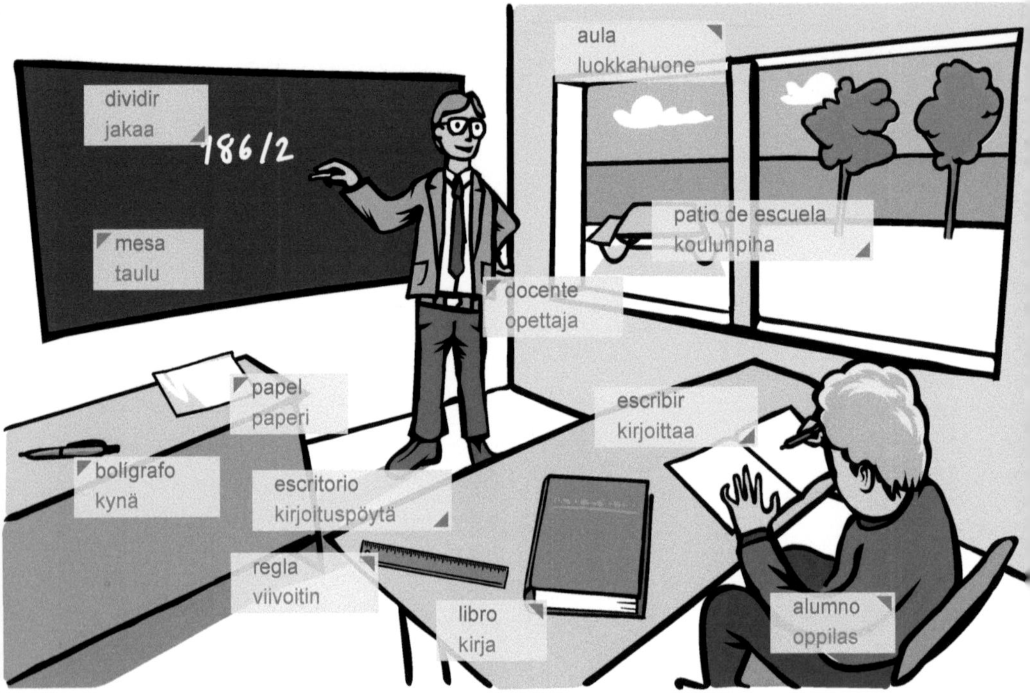
aula
luokkahuone
dividir
jakaa
186/2
mesa
taulu
patio de escuela
koulunpiha
docente
opettaja
papel
paperi
escribir
kirjoittaa
bolígrafo
kynä
escritorio
kirjoituspöytä
regla
viivoitin
libro
kirja
alumno
oppilas

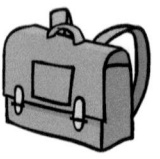

mochila escolar

reppu

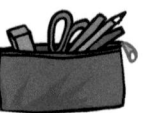

caja de lápices

penaali

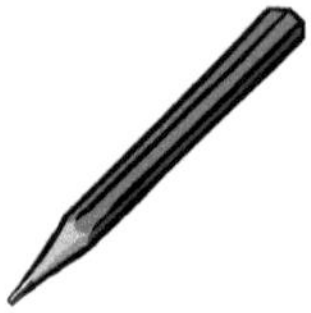

lápiz

lyijykynä

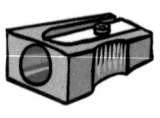

sacapuntas

kynänteroitin

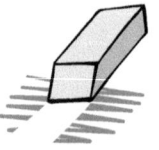

goma de borrar

pyyhekumi

bloc de dibujo

piirustuslehtiö

dibujo

piirustus

pincel

pensseli

caja de pinturas

vesivärit

tijera

sakset

pegamento

liima

libro de ejercicios

harjoituskirja

tarea

kotitehtävä

12

número

luku

2+2

sumar

lisätä

5-2

restar

vähentää

2x2

multiplicar

kertoa

calcular

laskea

A

letra

kirjain

ABCDEFG
HIJKLMN
OPQRSTU
VWXYZ

alfabeto

aakkoset

palabra

sana

texto

teksti

leer

lukea

tiza

liitu

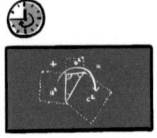

lección

oppitunti

libro de clase

opettajan muistikirja

examen

koe

certificado

todistus

uniforme escolar

koulupuku

educación

koulutus

enciclopedia

sanakirja

universidad

yliopisto

microscopio

mikroskooppi

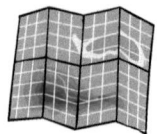

mapa

kartta

cesto de papeles

roskakori

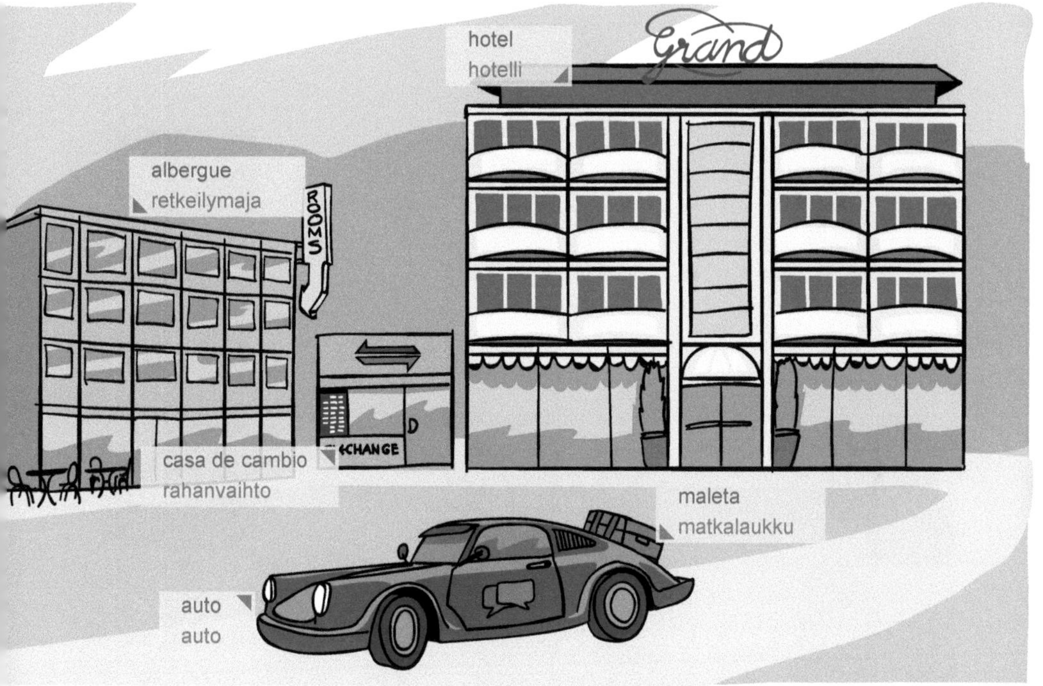

hotel
hotelli
Grand
albergue
retkeilymaja
ROOMS
casa de cambio
rahanvaihto
EXCHANGE
maleta
matkalaukku
auto
auto

idioma
kieli

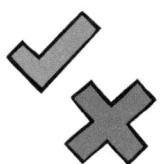

sí / no
kyllä / ei

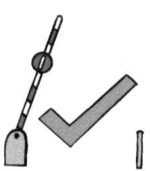

ok
selvä

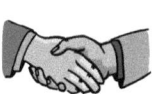

hola
hei

intérprete
tulkki

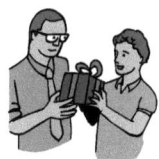

gracias
kiitos

¿Cuánto cuesta...?

Paljonko...maksaa?

No entiendo

en ymmärrä

problema

ongelma

¡Buenas tardes!

Hyvää iltaa!

¡Buenos días!

Hyvää huomenta!

¡Buenas noches!

Hyvää yötä!

adiós

näkemiin

dirección

suunta

equipaje

matkatavarat

bolso

laukku

mochila

reppu

invitado

vieras

cuarto

huone

saco de dormir

makuupussi

tienda de campaña

teltta

información al turista
turisti-info

playa
ranta

tarjeta de crédito
luottokortti

desayuno
aamupala

almuerzo
lounas

cena
päivällinen

pasaje
matkalippu

ascensor
hissi

sello
postimerkki

límite
raja

aduana
tulli

embajada
suurlähetystö

visa
viisumi

pasaporte
passi

transporte
kuljetus

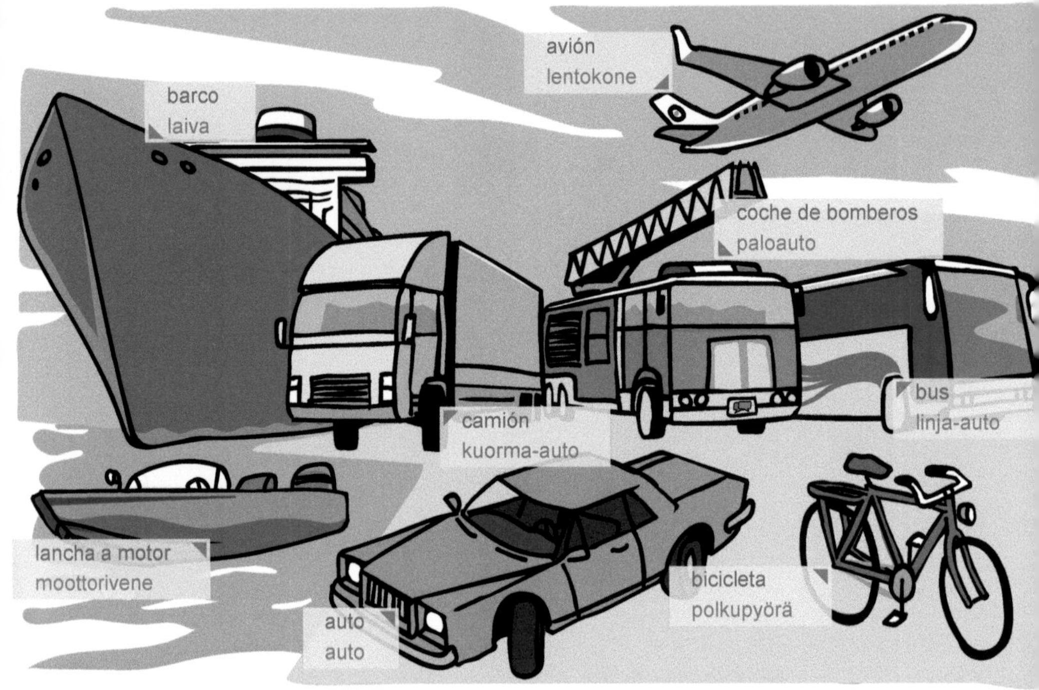
avión
lentokone
barco
laiva
coche de bomberos
paloauto
camión
kuorma-auto
bus
linja-auto
lancha a motor
moottorivene
bicicleta
polkupyörä
auto
auto

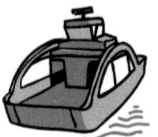

balsa

lautta

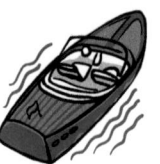

lancha

vene

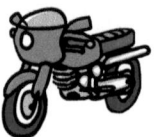

motocicleta

moottoripyörä

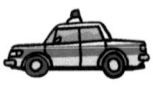

auto de policía

poliisiauto

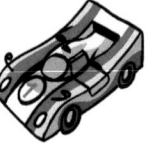

auto de carreras

kilpa-auto

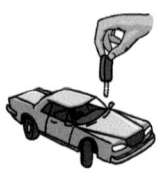

auto de alquiler

vuokra-auto

alquiler de autos

car sharing

grúa

hinausauto

vehículo recolector de basura

roska-auto

motor

moottori

gasolina

polttoaine

gasolinera

huoltoasema

señal de tráfico

liikennemerkki

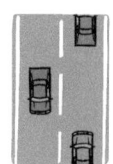

tránsito

liikenne

atasco

ruuhka

estacionamiento

parkkipaikka

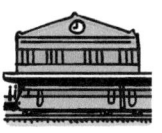

estación de tren

rautatieasema

carril

raiteet

tren

juna

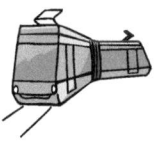

tranvía

raitiovaunu

vagón

vaunu

helicóptero

helikopteri

aeropuerto

lentokenttä

torre

lähilennonjohto

pasajero

matkustaja

contenedor

kontti

caja de cartón

pahvilaatikko

carro

kärryt

cesta

kori

despegar / aterrizar

nousta / laskea

ciudad
kaupunki

aldea

kylä

centro de la ciudad

keskusta

casa

talo

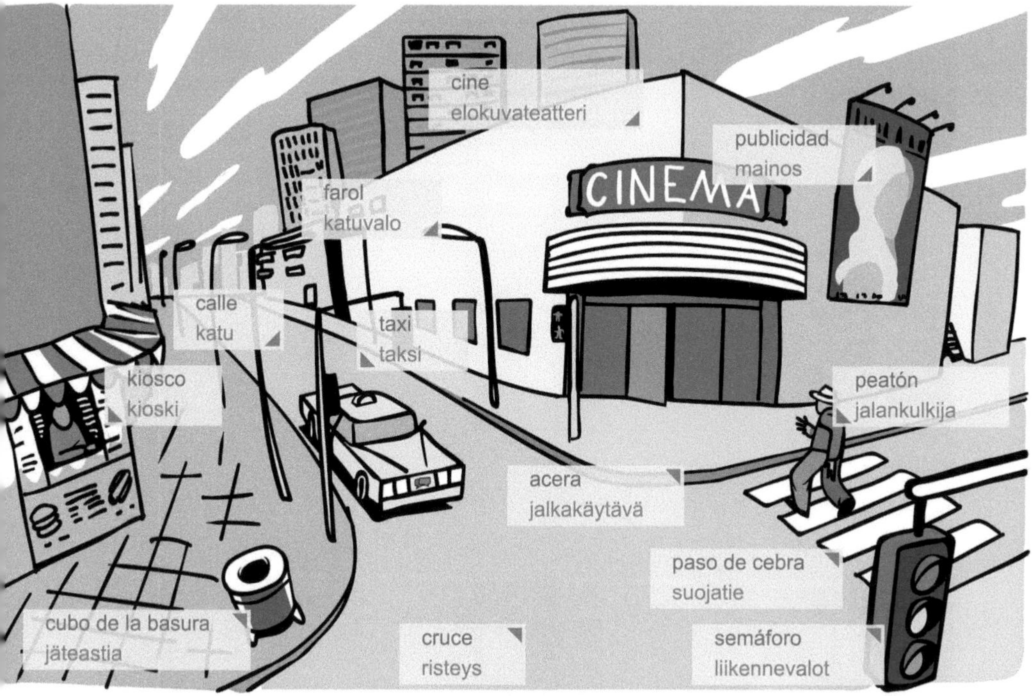

cine
elokuvateatteri

publicidad
mainos

farol
katuvalo

calle
katu

taxi
taksi

kiosco
kioski

peatón
jalankulkija

acera
jalkakäytävä

paso de cebra
suojatie

cubo de la basura
jäteastia

cruce
risteys

semáforo
liikennevalot

CINEMA

cabaña
mökki

apartamento
kerrostalo

estación de tren
rautatieasema

ayuntamiento
kaupungintalo

museo
museo

escuela
koulu

universidad
yliopisto

banco
pankki

hospital
sairaala

hotel
hotelli

farmacia
apteekki

oficina
toimisto

librería
kirjakauppa

negocio
liike

florería
kukkakauppa

supermercado
supermarketti

mercado
tori

grandes almacenes
tavaratalo

pescadería
kalakauppias

centro comercial
ostoskeskus

puerto
satama

parque

puisto

banco

penkki

puente

silta

escalera

portaat

metro

metro

túnel

tunneli

parada de autobuses

linja-autopysäkki

bar

baari

restaurante

ravintola

buzón de correo

postilaatikko

letrero

katukyltti

parquímetro

parkkimittari

zoológico

eläintarha

piscina

uimala

mezquita

moskeija

granja
....
maatila

polución
....
ympäristön saastuminen

cementerio
....
hautausmaa

iglesia
....
kirkko

parque infantil
....
leikkikenttä

templo
....
temppeli

paisaje
maisema

hoja
lehti

indicador de camino
tienviitta

sendero
tie

pradera
niitty

piedra
kivi

árbol
puu

caminante
retkeilijä

río
joki

pasto
ruoho

flor
kukka

valle

laakso

montaña

vuori

lago

järvi

bosque

metsä

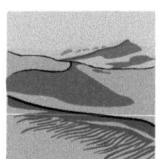

desierto

aavikko

volcán

tulivuori

castillo

linna

arco iris

sateenkaari

seta

sieni

palmera

palmu

mosquito

hyttynen

mosca

kärpänen

hormiga

muurahainen

abeja

mehiläinen

araña

hämähäkki

paisaje - maisema

15

escarabajo

kovakuoriainen

rana

sammakko

ardilla

orava

erizo

siili

liebre

jänis

lechuza

pöllö

pájaro

lintu

cisne

joutsen

jabalí

villisika

ciervo

peura

alce

hirvi

embalse

pato

aerogenerador

tuulimylly

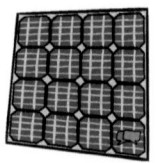

módulo solar

aurinkopaneeli

clima

ilmasto

restaurante
ravintola

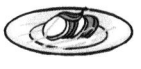

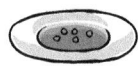

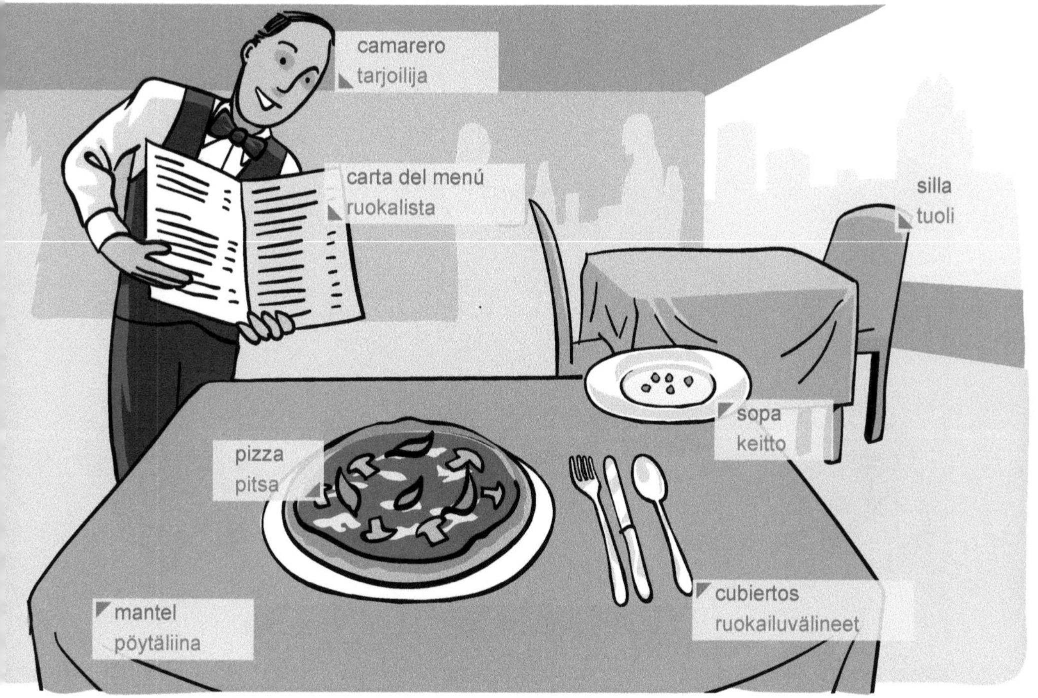
camarero
tarjoilija
carta del menú
ruokalista
silla
tuoli
sopa
keitto
pizza
pitsa
cubiertos
ruokailuvälineet
mantel
pöytäliina

entrada
alkuruoka

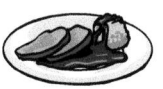

plato principal
pääruoka

postre
jälkiruoka

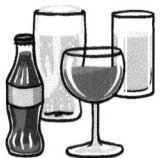

bebida
juomat

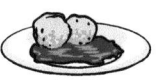

comida
ruoka

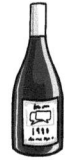

botella
pullo

comida rápida

pikaruoka

comida callejera

katuruoka

tetera

teekannu

azucarera

sokeriastia

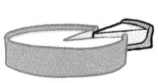

porción

annos

máquina de espresso

espressokeitin

silla alta

syöttötuoli

factura

lasku

bandeja

tarjotin

cuchillo

veitsi

tenedor

haarukka

cuchara

lusikka

cuchara de té

teelusikka

servilleta

servietti

vaso

lasi

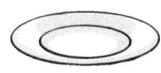

plato
lautanen

plato de sopa
syvä lautanen

platillo
aluslautanen

salsa
kastike

salero
suolasirotin

molinillo para pimienta
pippurimylly

vinagre
etikka

aceite
öljy

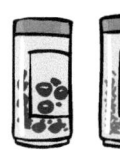

especias
mausteet

ketchup
ketsuppi

mostaza
sinappi

mayonesa
majoneesi

supermercado
supermarketti

oferta
tarjous
FOR
cliente
asiakas
productos lácteos
maitotuotteet
fruta
hedelmät
carrito de compras
ostoskärryt

BUTCHERS

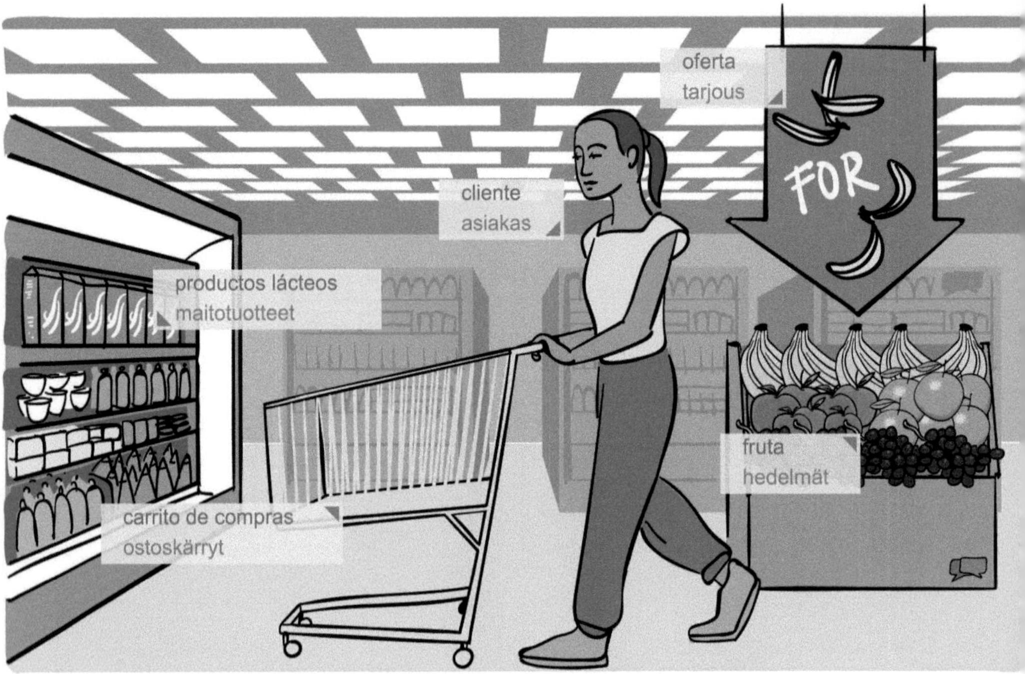

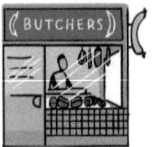

carnicería

teurastamo

BAKERY

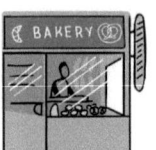

panadería

leipomo

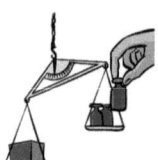

pesar

punnita

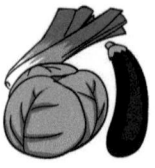

verdura

kasvikset

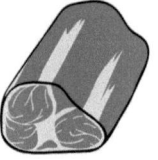

carne

liha

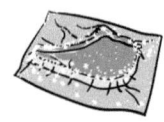

alimentos congelados

pakasteet

fiambre

leikkele

conservas

säilykkeet

detergente en polvo

pesujauhe

dulces

makeiset

artículos domésticos

kotitaloustarvikkeet

productos de limpieza

puhdistusaineet

vendedora

myyjä

caja

kassa

cajero

kassanhoitaja

lista de compras

ostoslista

horario de atención

aukioloajat

cartera

lompakko

tarjeta de crédito

luottokortti

maleta

kassi

bolsa plástica

muovipussi

agua

vesi

jugo

mehu

leche

maito

refresco de cola

kokis

vino

viini

cerveza

olut

alcohol

alkoholi

cacao

kaakao

té

tee

café

kahvi

espresso

espresso

cappuccino

cappuccino

banana

banaani

manzana

omena

naranja

appelsiini

sandía

meloni

limón

sitruuna

zanahoria

porkkana

ajo

valkosipuli

bambú

bambu

cebolla

sipuli

seta

sieni

nueces

pähkinät

fideos

spagetti

espagueti

spagetti

arroz

riisi

ensalada

salaatti

patatas fritas

ranskalaiset

patatas salteadas

paistetut perunat

pizza

pitsa

hamburguesa

hampurilainen

sándwich

voileipä

escalope

leike

jamón

kinkku

salame

salami

embutido

makkara

pollo

kana

asado

paisti

pescado

kala

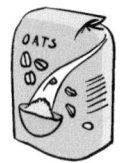

copos de avena

kaurahiutaleet

musli

mysli

copos de maíz tostado

murot

harina

jauho

croissant

voisarvi

panecillo

sämpylä

pan

leipä

tostada

paahtoleipä

galletas

keksit

mantequilla

voi

cuajada

rahka

pastel

kakku

huevo

kananmuna

huevo frito

paistettu kananmuna

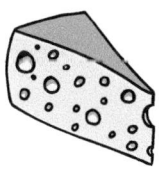

queso

juusto

helado

jäätelö

azúcar

sokeri

miel

hunaja

mermelada

hillo

praliné

suklaapähkinälevite

curry

curry

granja
maatila

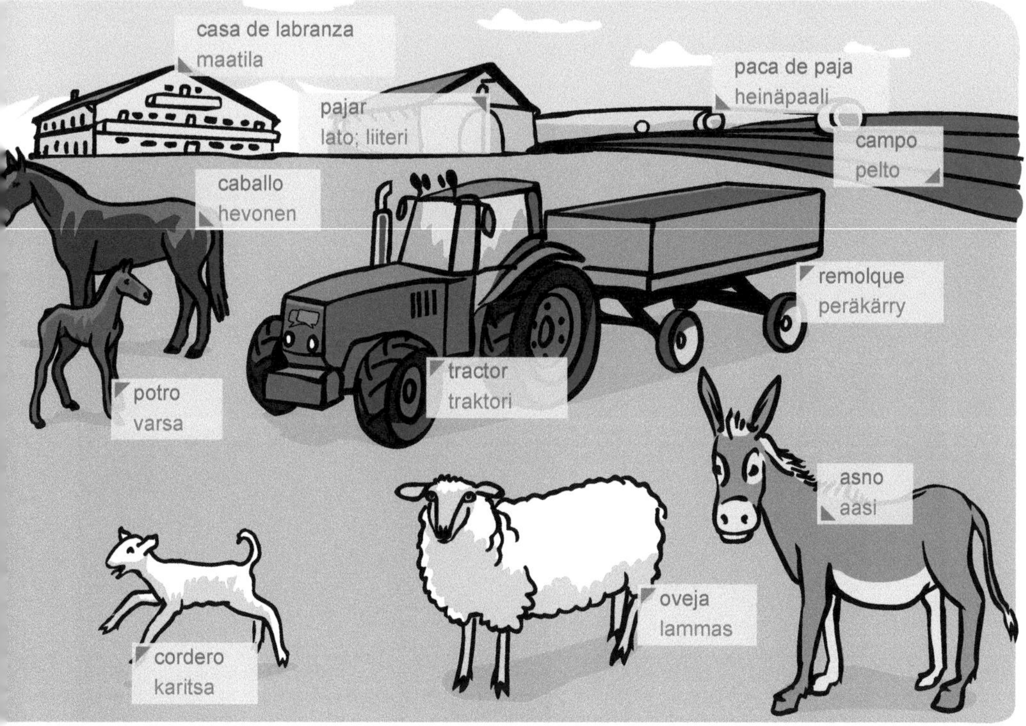
casa de labranza
maatila
pajar
lato; liiteri
paca de paja
heinäpaali
campo
pelto
caballo
hevonen
remolque
peräkärry
tractor
traktori
potro
varsa
asno
aasi
oveja
lammas
cordero
karitsa

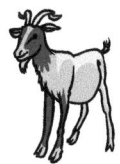

cabra

vuohi

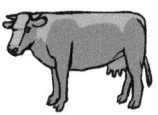

vaca

lehmä

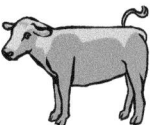

ternero

vasikka

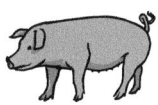

cerdo

sika

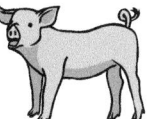

lechón

porsas

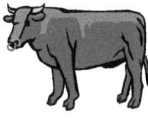

toro

sonni

ganso
hanhi

pato
ankka

polluelo
tipu

pollo
kana

gallo
kukko

rata
rotta

gato
kissa

ratón
hiiri

buey
härkä

perro
koira

caseta del perro
koirankoppi

manguera de riego
puutarhaletku

regadera
kastelukannu

guadaña
viikate

arado
aura

hoz

sirppi

azada

kuokka

bieldo

talikko

hacha

kirves

carretilla

kottikärryt

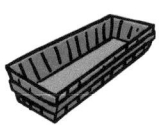

abrevadero

kaukalo

lechera

maitokannu

saco

säkki

cerca

aita

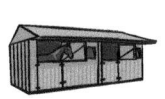

establo

talli

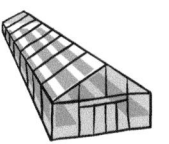

invernadero

kasvihuone

suelo

maa

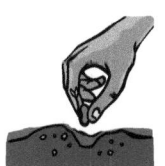

semilla

siemen

fertilizante

lannoite

cosechadora

leikkuupuimuri

cosechar

kerätä sato

cosecha

sato

raíz de ñame

jamssit

trigo

vehnä

soja

soija

patata

peruna

maíz

maissi

colza

rypsi

Árbol frutal

hedelmäpuu

mandioca

maniokki

cereales

vilja

casa
talo

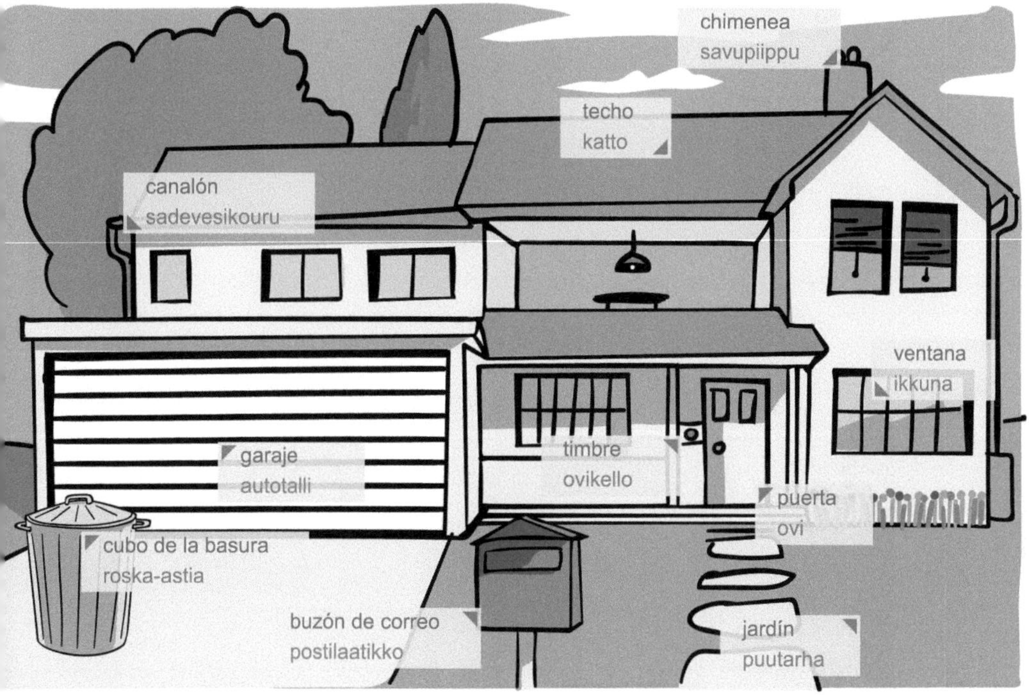
chimenea
savupiippu
techo
katto
canalón
sadevesikouru
ventana
ikkuna
garaje
autotalli
timbre
ovikello
puerta
ovi
cubo de la basura
roska-astia
buzón de correo
postilaatikko
jardín
puutarha

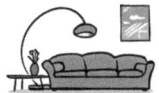

cuarto de estar

olohuone

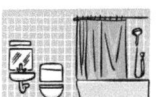

cuarto de baño

kylpyhuone

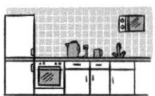

cocina

keittiö

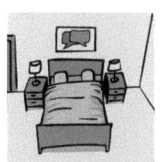

dormitorio

makuuhuone

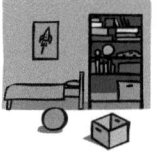

cuarto de los niños

lastenhuone

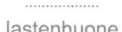

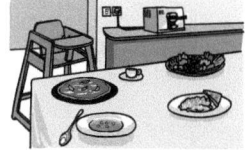

comedor

ruokahuone

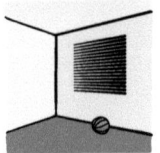

piso
lattia

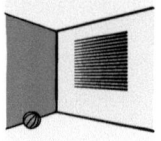

pared
seinä

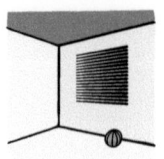

cielorraso
katto

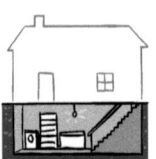

sótano
kellari

sauna
sauna

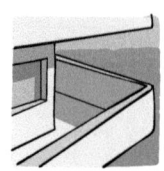

balcón
parveke

terraza
terassi

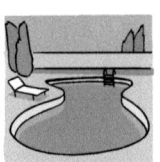

piscina
uima-allas

cortacésped
ruohonleikkuri

funda nórdica
lakana

edredón
päiväpeitto

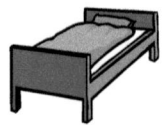

cama
sänky

escoba
harja

cubo
ämpäri

interruptor
katkaisin

cuarto de estar
olohuone

papel para empapelar
tapetti
imagen
kuva
lámpara
lamppu
estante
hylly
gabinete
kaappi
televisor
televisio
hogar
takka
flor
kukka
cojín
tyyny
sofá
sohva
florero
maljakko
control remoto
kaukosäädin

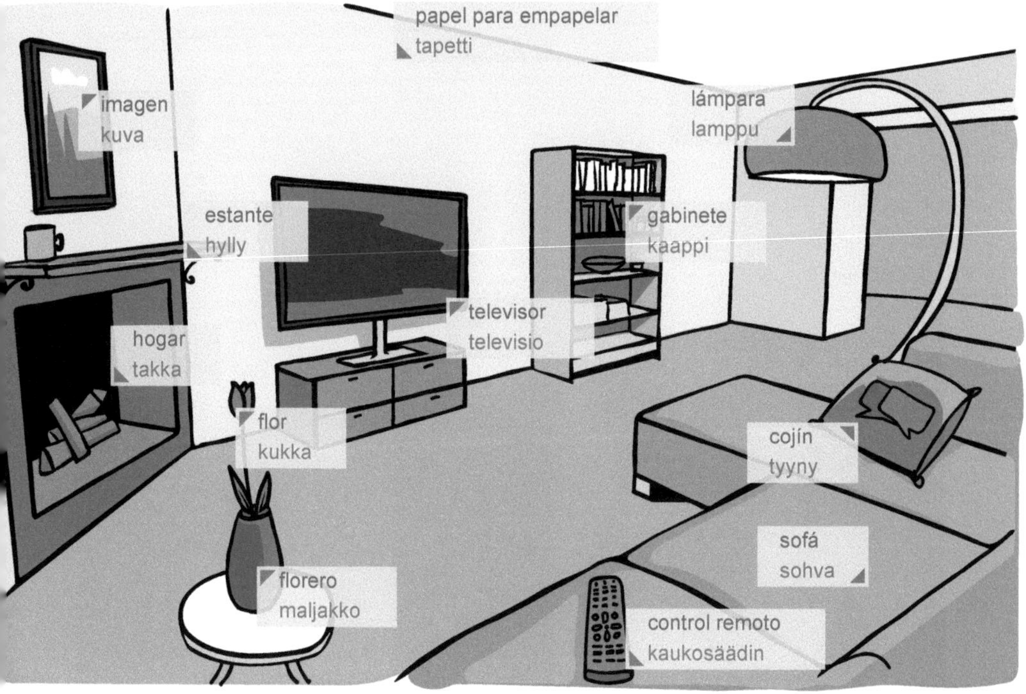

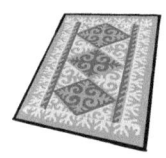

alfombra

matto

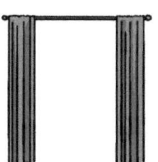

cortina

verho

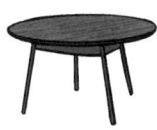

mesa

pöytä

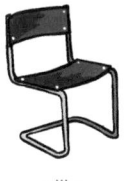

silla

tuoli

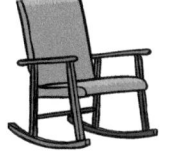

mecedora

keinutuoli

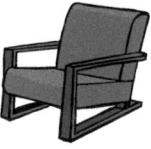

sillón

nojatuoli

libro

kirja

frazada

peitto

decoración

koriste

leña

polttopuut

film

elokuva

equipo estereofónico

stereot

llave

avain

periódico

sanomalehti

cuadro

maalaus

póster

juliste

radio

radio

bloc de notas

muistivihko

aspiradora

pölynimuri

cactus

kaktus

vela

kynttilä

cocina
keittiö

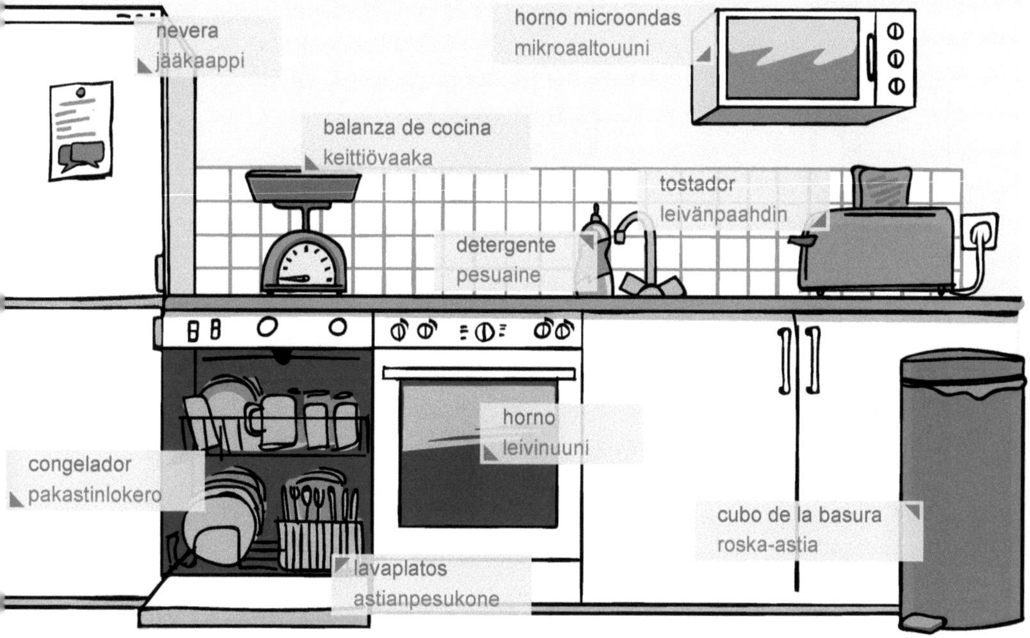

nevera
jääkaappi
horno microondas
mikroaaltouuni
balanza de cocina
keittiövaaka
tostador
leivänpaahdin
detergente
pesuaine
horno
leivinuuni
congelador
pakastinlokero
cubo de la basura
roska-astia
lavaplatos
astianpesukone

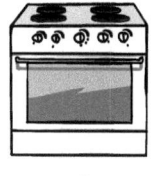

cocina
liesi

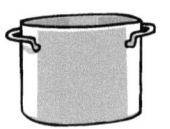

olla
kattila

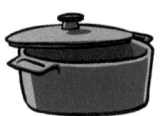

olla de fundición de hierro
rautapata

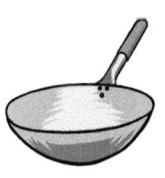

wok / kadai
vokkipannu / kadai-pannu

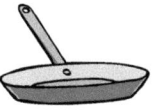

sartén
paistinpannu

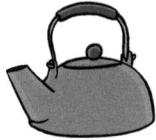

hervidor de agua
teepannu

olla de vapor

höyrykeitin

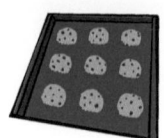

bandeja de horno

uunipelti

vajilla

astiat

vaso

muki

bol

kulho

palillos para comer

syömäpuikot

cucharón de sopa

kauha

espátula

paistinlasta

batidor

vispilä

colador

siivilä

cedazo

siivilä

rallador

raastin

mortero

mortteli

parrillada

grilli

fogata

avotuli

tabla de picar

leikkuulauta

rodillo

kaulin

sacacorchos

korkinavaaja

lata

purkki

abrelatas

purkinavaaja

agarrador

pannulappu

fregadero

lavuaari

cepillo

tiskiharja

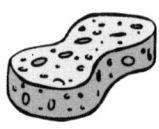

esponja

pesusieni

batidora

tehosekoitin

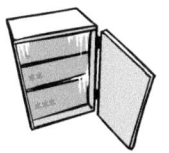

arcón congelador

pakastin

biberón

tuttipullo

grifo

vesihana

cuarto de baño
kylpyhuone

calefacción
lämmitys
toalla
pyyhe
ducha
suihku
cortina para ducha
suihkuverho
baño de espuma
vaahtokylpy
bañera
kylpyamme
vaso
lasi
lavadora
pesukone
grifo
vesihana
baldosa
kaakelit
orinal
potta
fregadero
lavuaari

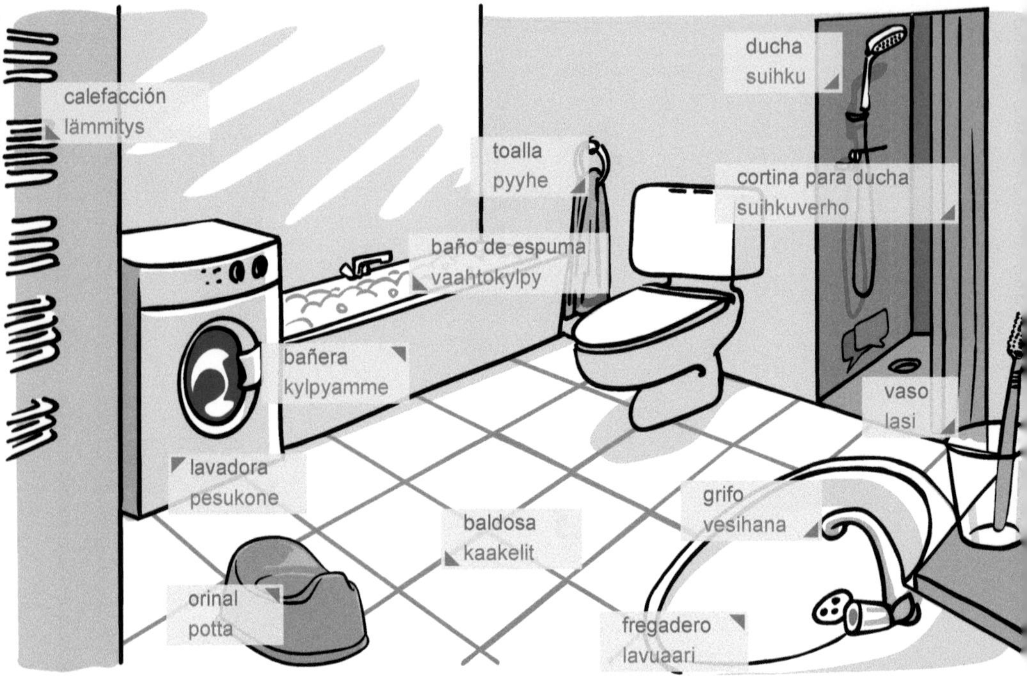

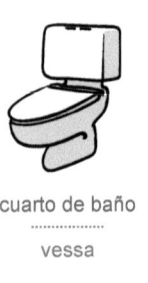

cuarto de baño

vessa

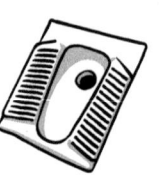

placa turca

kyykkyvessa

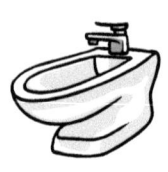

bidé

bidee

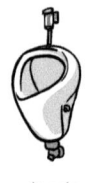

urinario

pisuaari

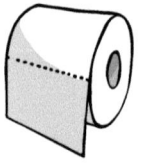

papel higiénico

vessapaperi

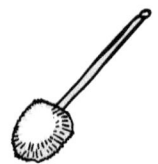

escobilla para el cuarto de baño

vessaharja

cepillo de dientes

hammasharja

pasta dentífrica

hammastahna

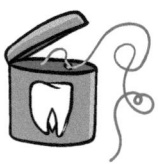

seda dental

hammaslanka

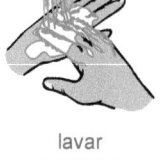

lavar

pestä

ducha teléfono

käsisuihku

ducha higiénica

intiimisuihku

cuenco

pesuvati

cepillo para la espalda

selkäharja

jabón

saippua

gel de ducha

suihkugeeli

champú

shampoo

manopla para baño

pesulappu

desagüe

vlemärl

crema

voide

desodorante

deodorantti

espejo

peili

espejo de maquillaje

käsipeili

máquina de afeitar

partaveitsi

espuma de afeitar

partavaahto

loción para después del afeitado

partavesi

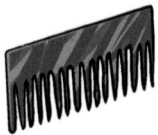

peine

kampa

cepillo

harja

secador para cabello

hiustenkuivaaja

laca de peinado

hiuslakka

maquillaje

meikki

lápiz labial

huulipuna

laca para uñas

kynsilakka

algodón

pumpuli

tijera para uñas

kynsisakset

perfume

hajuvesi

neceser

kosmetiikkalaukku

taburete

jakkara

balanza

vaaka

bata de baño

kylpytakki

guantes de goma

kumihansikkaat

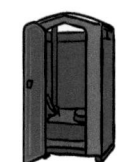

tampón

tamponi

compresa

terveysside

wáter químico

kemiallinen wc

cuarto de los niños

lastenhuone

despertador
herätyskello
animal de peluche
pehmolelu
auto de juguete
leikkiauto
sonajero
helistin
casa de muñecas
nukkekoti
obsequio
lahja

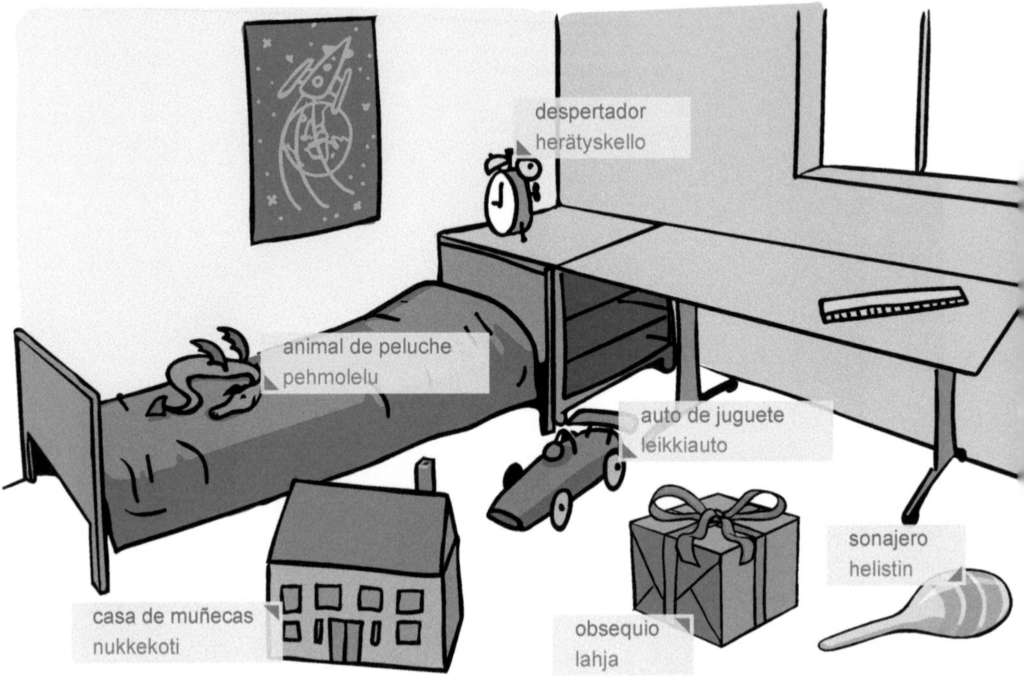

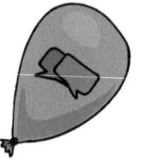

globo

ilmapallo

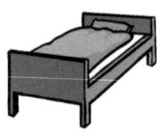

cama

sänky

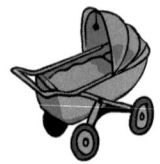

cochecito para niños

lastenvaunut

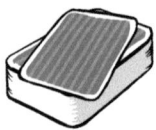

juego de barajas

korttipeli

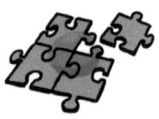

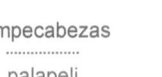

rompecabezas

palapeli

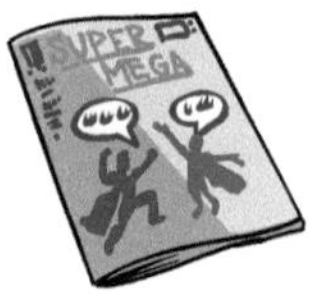

cómic

sarjakuva

piezas de Lego

legopalikat

bloques para jugar

rakennuspalikat

figura de acción

supersankari

pijama de una pieza

potkupuku

frisbee

frisbee

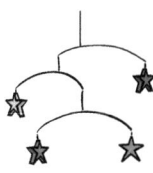

móvil

mobile

juego de mesa

lautapeli

dado

noppa

tren eléctrico a escala

pienoisjunarata

chupete

tutti

fiesta

juhlat

libro de dibujos

kuvakirja

pelota

pallo

títere

nukke

jugar

leikkiä

arenero
hiekkalaatikko

columpio
keinu

juguetes
lelut

consola de videojuego
pelikonsoli

triciclo
kolmipyörä

osito de peluche
nalle

guardarropa
vaatekaappi

vestimenta
vaatteet

calcetines
sukat

medias
nylonsukat

panti
sukkahousut

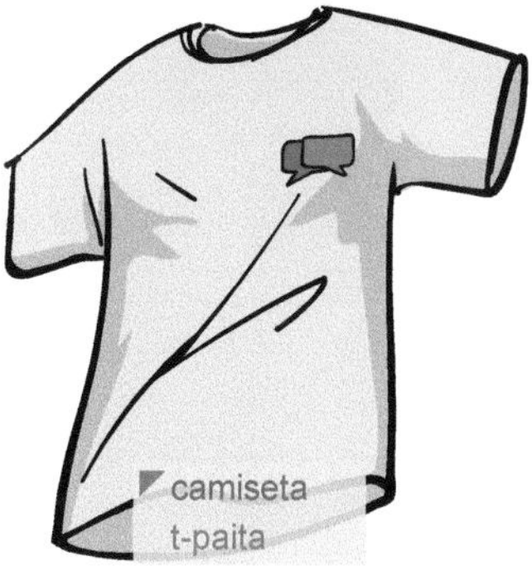

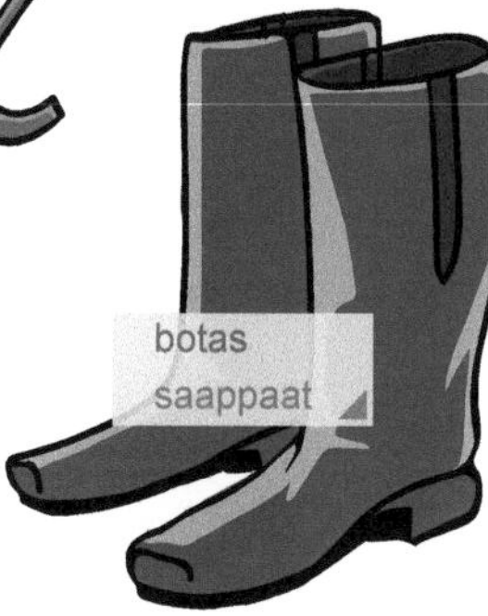

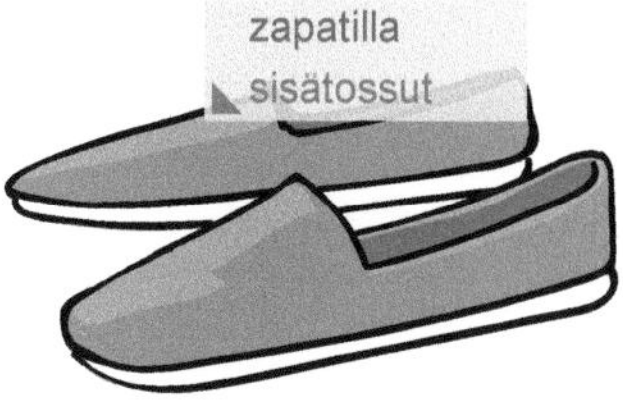

chal
kaulaliina

cinturón
vyö

paraguas
sateenvarjo

camiseta
t-paita

deportivas
lenkkarit

botas
saappaat

zapatilla
sisätossut

sandalias
sandaalit

zapatos
kengät

botas de goma
kumisaappaat

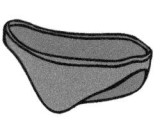

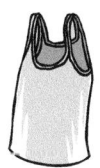

ropa interior
alushousut

corpiño
rintaliivit

camiseta
aluspaita

body
body

pantalón
housut

jeans
farkut

falda
hame

blusa
pusero

camisa
paita

pullover
villapaita

sweater
collegepaita

blazer
jakku

chaqueta
takki

abrigo
takki

impermeable
sadetakki

traje chaqueta
puku

vestido
mekko

vestido de bodas
hääpuku

traje
puku

camisón
yöpaita

pijama
pyjama

sari
shari

pañuelo de cabeza
päähuivi

turbante
turbaani

burka
burka

caftán
kaftaani

abaya
abaya

traje de baño
uimapuku

bañador
uimahousut

shorts
shortsit

chándal
verkkarit

delantal
esiliina

guante
käsineet

botón

nappi

gafa

silmälasit

brazalete

rannekoru

cadena

kaulakoru

anillo

sormus

aro

korvakoru

gorra

lippalakki

percha

ripustin

sombrero

hattu

corbata

solmio

cierre a cremallera

vetoketju

casco

kypärä

tiradores

henkselit

uniforme escolar

koulupuku

uniforme

univormu

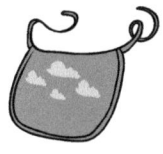

babero

ruokalappu

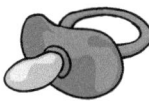

chupete

tutti

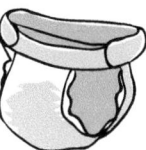

pañal

vaippa

oficina
toimisto

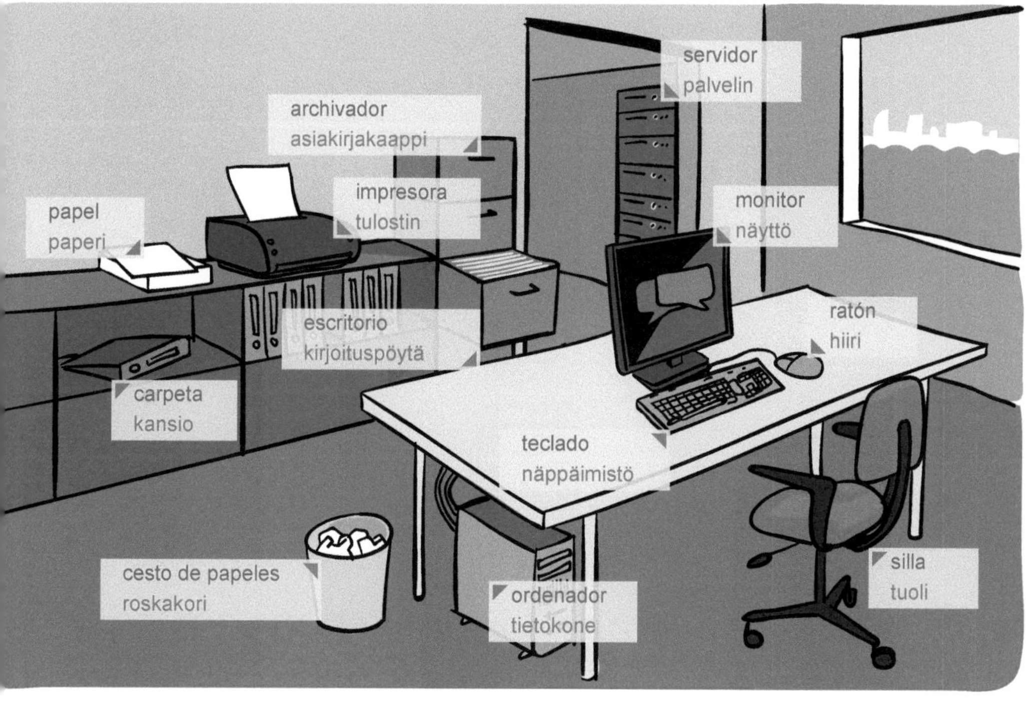
servidor
palvelin
archivador
asiakirjakaappi
impresora
tulostin
papel
paperi
monitor
näyttö
escritorio
kirjoituspöytä
ratón
hiiri
carpeta
kansio
teclado
näppäimistö
cesto de papeles
roskakori
silla
tuoli
ordenador
tietokone

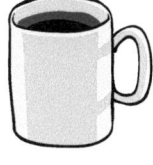

taza de café

kahvimuki

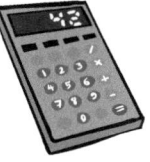

calculadora

taskulaskin

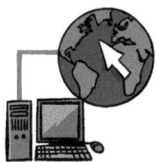

internet

internet

laptop

kannettava tietokone

carta

kirje

mensaje

viesti

teléfono móvil

kännykkä

red

verkko

fotocopiadora

kopiokone

software

ohjelmisto

teléfono

puhelin

tomacorriente

pistorasia

máquina de fax

faksi

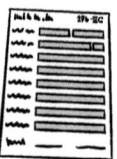

formulario

lomake

documento

asiakirja

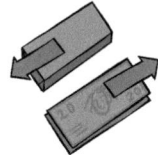

comprar

ostaa

pagar

maksaa

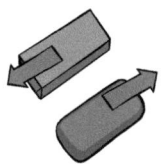

comerciar

vaihtaa

dinero

raha

dólar

dollari

euro

euro

yen

jeni

rublo

rupla

franco

frangi

renminbi

renminbi juan

rupia

rupia

cajero automático

pankkiautomaatti

casa de cambio

rahanvaihto

oro

kulta

plata

hopea

petróleo

öljy

energía

energia

precio

hinta

contrato

sopimus

impuesto

vero

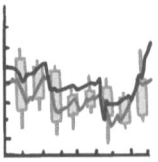

acción

osake

trabajar

työskennellä

empleado

työntekijä

empleador

työnantaja

fábrica

tehdas

negocio

liike

ocupaciones

ammatit

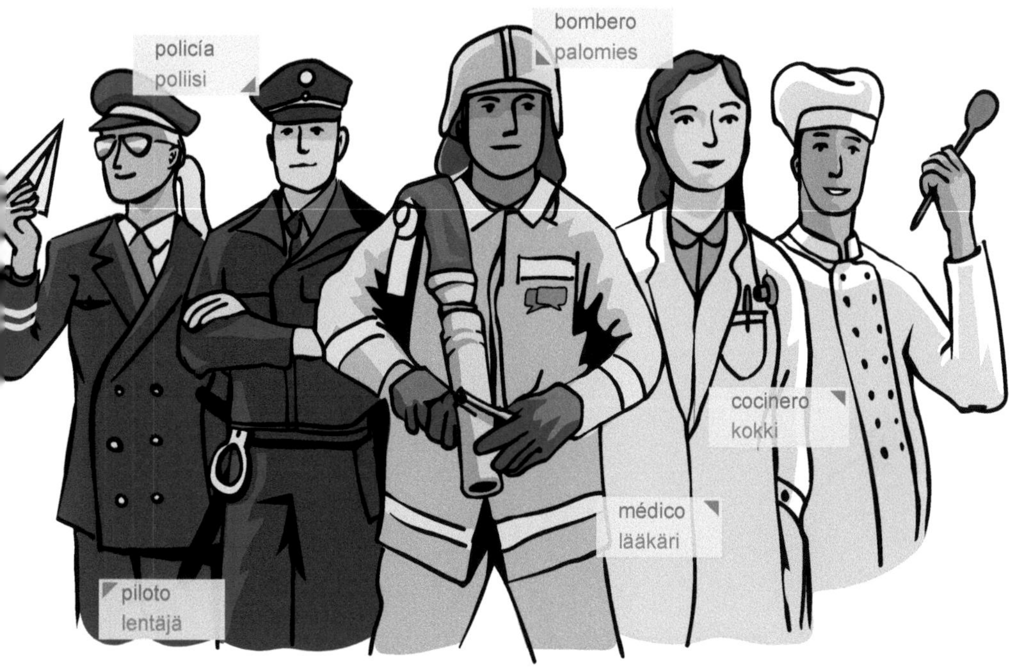
policía
poliisi
bombero
palomies
cocinero
kokki
médico
lääkäri
piloto
lentäjä

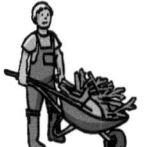

jardinero

puutarhuri

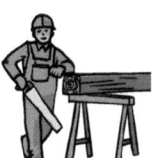

carpintero

puuseppä

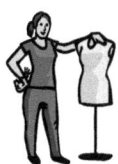

costurera

ompelija

juez

tuomari

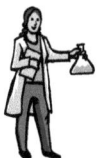

químico

kemisti

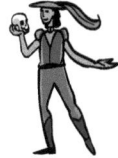

actor

näyttelijä

conductor de autobús

linja-autonkuljettaja

taxista

taksinkuljettaja

pescador

kalastaja

mujer de la limpieza

siivooja

techista

katontekijä

camarero

tarjoilija

cazador

metsästäjä

pintor

maalari

panadero

leipuri

electricista

sähköasentaja

albañil

rakentaja

ingeniero

insinööri

carnicero

teurastaja

fontanero

putkiasentaja

cartero

postinjakaja

soldado
sotilas

arquitecto
arkkitehti

cajero
kassanhoitaja

florista
floristi

peluquero
kampaaja

cobrador
konduktÃ¶Ã¶ri

mecÃ¡nico
mekaanikko

capitÃ¡n
kapteeni

odontÃ³logo
hammaslÃ¤Ã¤kÃ¤ri

cientÃfico
tiedemies

rabino
rabbi

imam
imaami

monje
munkki

pÃ¡rroco
pappi

herramientas
työkalut

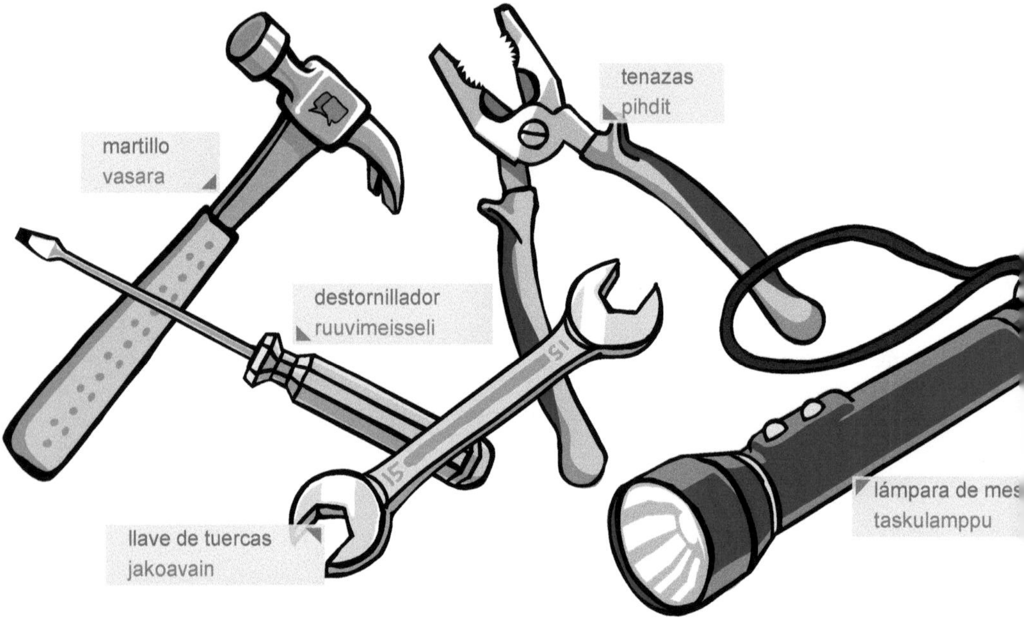
martillo
vasara
tenazas
pihdit
destornillador
ruuvimeisseli
llave de tuercas
jakoavain
lámpara de me
taskulamppu

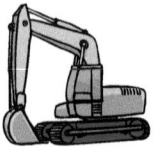

excavadora

kaivinkone

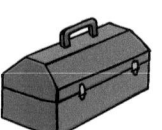

caja de herramientas

työkalupakki

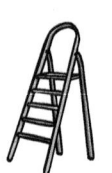

escalerilla

tikkaat

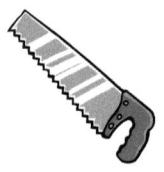

serrucho

saha

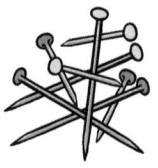

clavos

naulat

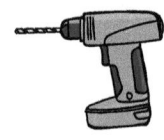

taladro

pora

reparar
korjata

pala
lapio

¡Maldición!
Hitto!

recogedor
rikkalapio

lata de pintura
maalipurkki

tornillos
ruuvit

instrumentos musicales
soittimet

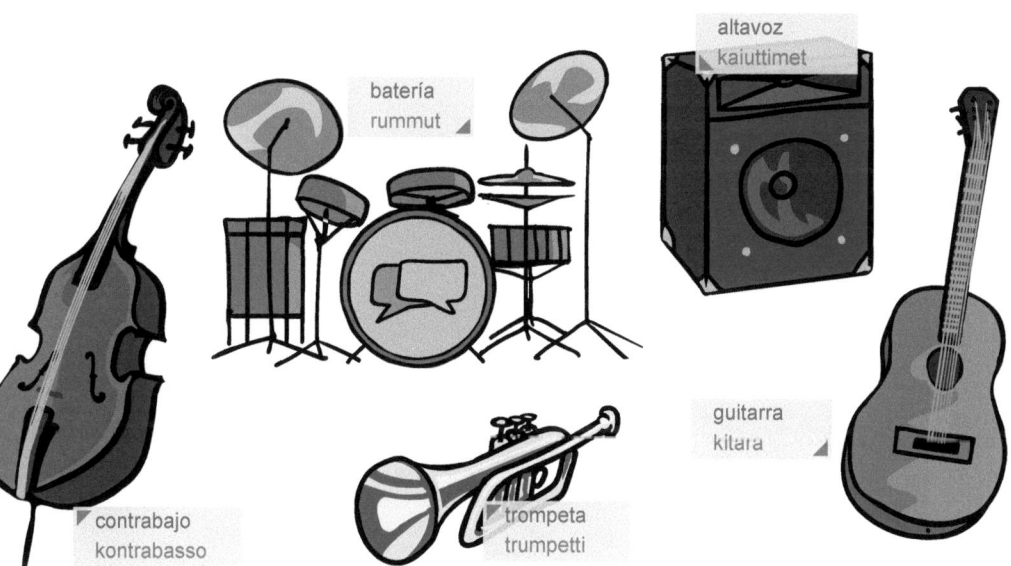

altavoz
kaiuttimet

batería
rummut

guitarra
kitara

contrabajo
kontrabasso

trompeta
trumpetti

piano

piano

violín

viulu

bajo

basso

timbales

patarummut

tambor

rumpu

teclado

kosketinsoitin

saxofón

saksofoni

flauta

huilu

micrófono

mikrofoni

zoológico
eläintarha

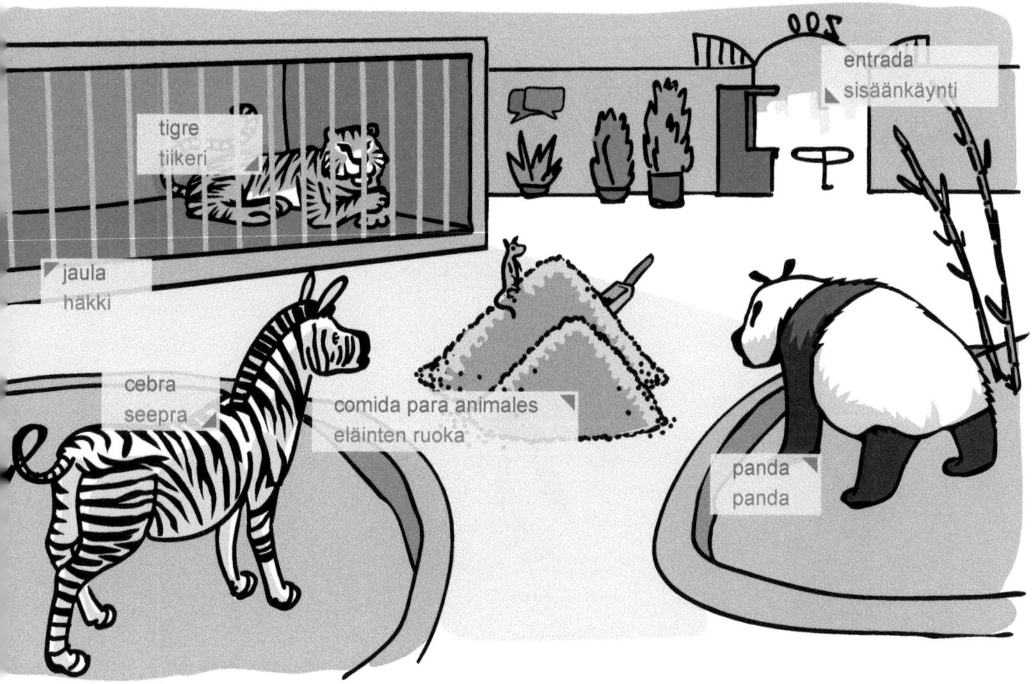

tigre
tiikeri
entrada
sisäänkäynti
jaula
häkki
cebra
seepra
comida para animales
eläinten ruoka
panda
panda

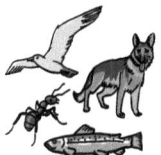

animales
eläimet

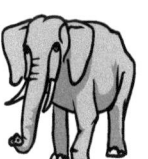

elefante
norsu

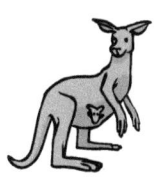

canguro
kenguru

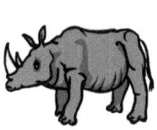

rinoceronte
sarvikuono

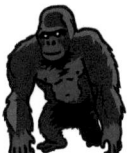

gorila
gorilla

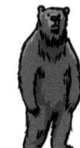

oso
karhu

camello

kameli

avestruz

strutsi

león

leijona

mono

apina

flamengo

flamingo

papagayo

papukaija

oso polar

jääkarhu

pingüino

pingviini

tiburón

hai

pavo real

riikinkukko

serpiente

käärme

cocodrilo

krokotiili

cuidador del zoológico

eläintarhanhoitaja

foca

hylje

jaguar

jaguaari

pony
poni

leopardo
leopardi

hipopótamo
virtahepo

jirafa
kirahvi

águila
kotka

jabalí
villisika

pescado
kala

tortuga
kilpikonna

morsa
mursu

zorro
kettu

gacela
gaselli

fútbol americano
amerikkalainen jalkapallo

ciclismo
pyöräily

tenis
tennis

baloncesto
koripallo

natación
uinti

hockey sobre hielo
jääkiekko

boxeo
nyrkkeily

fútbol	badminton	atletismo
jalkapallo	sulkapallo	yleisurheilu
balonmano	esquí	polo
käsipallo	hiihto	poolo

actividades
aktiviteetit

saltar
hypätä
abrazar
halata
reír
nauraa
caminar
kävellä
cantar
laulaa
soñar
unelmoida
rezar
rukoilla
besar
suudella

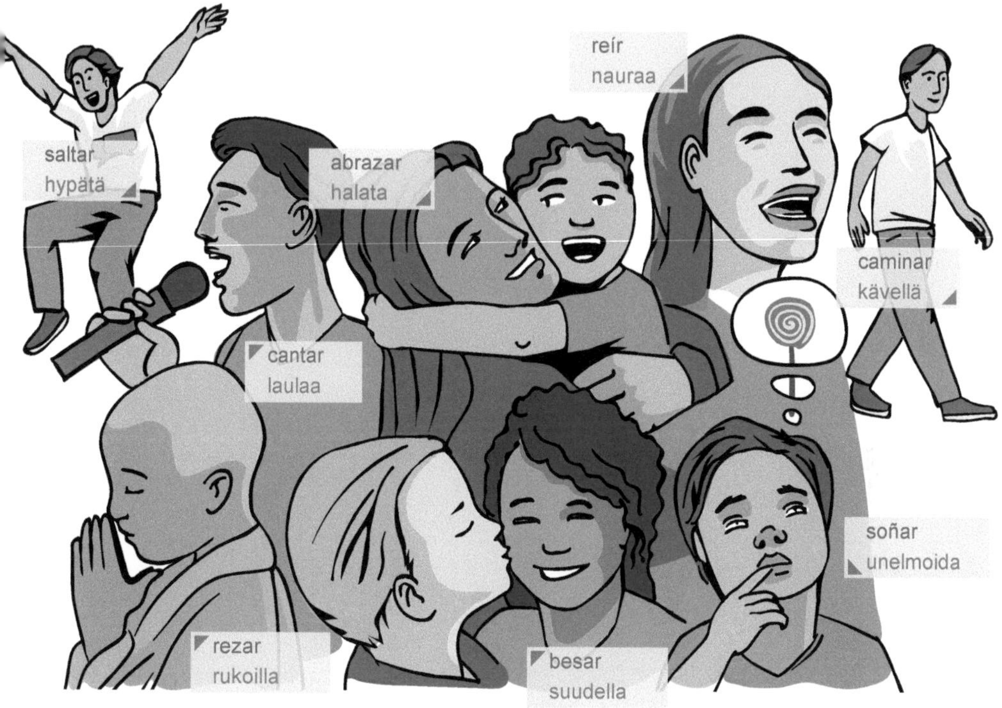

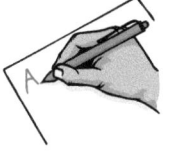

escribir

kirjoittaa

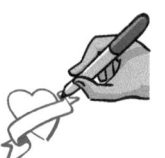

dibujar

piirtää

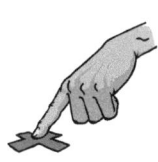

mostrar

näyttää

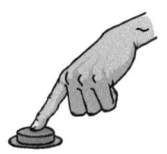

presionar

painaa

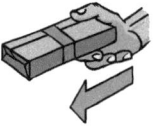

dar

antaa

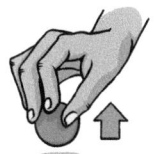

tomar

ottaa

tener
omistaa

hacer
tehdä

ser
olla

estar de pie
seisoa

correr
juosta

tirar
vetää

arrojar
heittää

caer
kaatua

estar acostado
maata

esperar
odottaa

llevar
kantaa

estar sentado
istua

vestirse
pukeutua

dormir
nukkua

despertar
herätä

mirar	llorar	acariciar
katsoa	itkeä	silittää

peinarse	conversar	entender
kammata	puhua	ymmärtää

preguntar	oír	beber
kysyä	kuunnella	juoda

comer	asear	amar
syödä	siivota	rakastaa

cocinar	conducir	volar
keittää	ajaa	lentää

navegar

purjehtia

calcular

laskea

leer

lukea

aprender

oppia

trabajar

työskennellä

casarse

mennä naimisiin

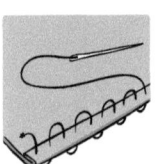

coser

ommella

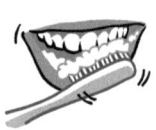

limpiarse los dientes

pestä hampaat

matar

tappaa

fumar

tupakoida

enviar

lähettää

abuela
mummo

abuelo
ukki

padre
isä

madre
äiti

bebé
vauva

hija
tytär

hijo
poika

invitado

vieras

tía

täti

tío

setä

hermano

veli

hermana

sisko

cuerpo
vartalo

frente
otsa
ojo
silmä
cara
kasvot
barbilla
leuka
pecho
rinta
dedo
sormet
mano
käsi
brazo
käsivarsi
hombro
olkapää
pierna
jalka

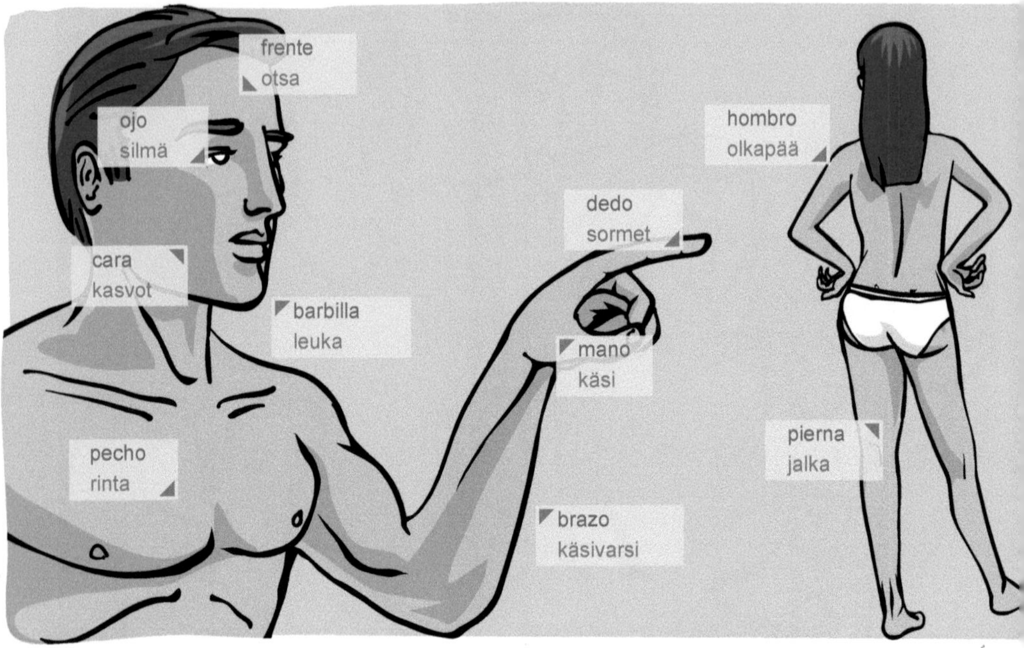

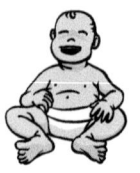

bebé
vauva

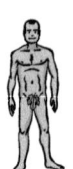

hombre
mies

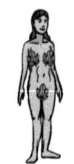

mujer
nainen

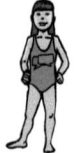

muchacha
tyttö

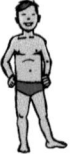

joven
poika

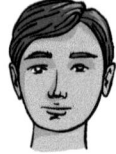

cabeza
pää

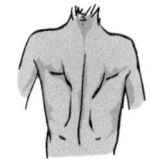

espalda

selkä

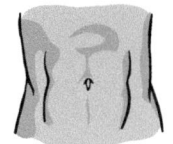

vientre

maha

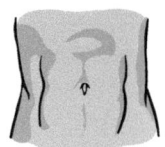

ombligo

napa

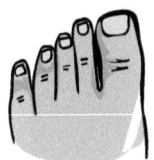

dedo del pie

varvas

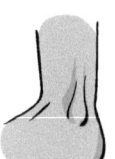

talón

kantapää

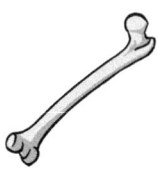

hueso

luu

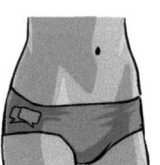

cadera

lantio

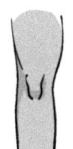

rodilla

polvi

codo

kyynärpää

nariz

nenä

trasero

takapuoli

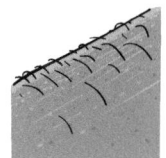

piel

iho

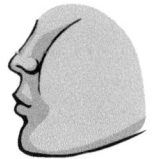

mejilla

poski

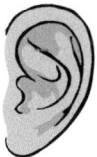

oreja

korva

labio

huuli

boca

suu

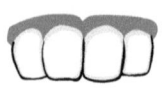

diente

hammas

lengua

kieli

cerebro

aivot

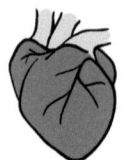

corazón

sydän

músculo

lihas

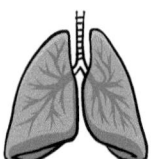

pulmón

keuhkot

hígado

maksa

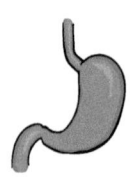

estómago

vatsa

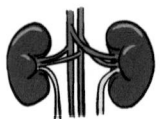

riñones

munuaiset

relación sexual

seksi

condón

kondomi

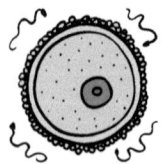

Óvulo

munasolu

esperma

sperma

embarazo

raskaus

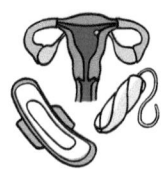

menstruación

kuukautiset

vagina

vagina

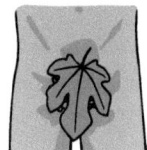

pene

penis

ceja

kulmakarvat

cabello

hiukset

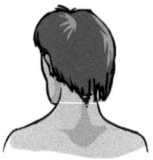

cuello

niska

hospital
sairaala

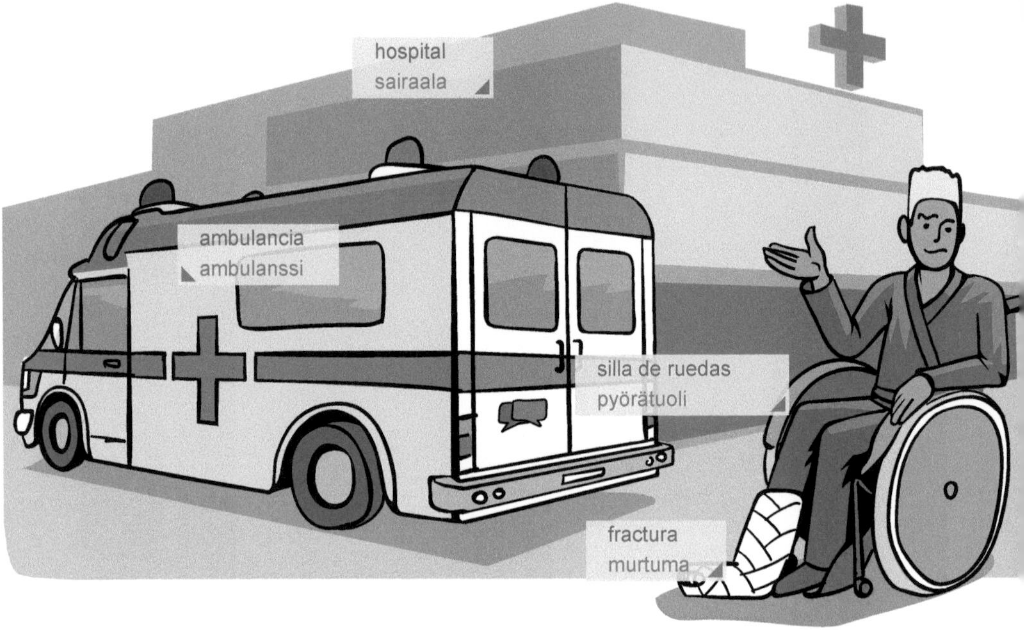

hospital
sairaala
ambulancia
ambulanssi
silla de ruedas
pyörätuoli
fractura
murtuma

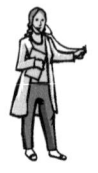

médico

lääkäri

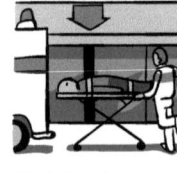

admisión de urgencia

ensiapu

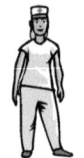

enfermera

sairaanhoitaja

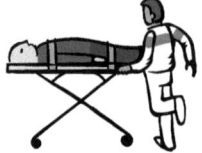

emergencia

hätätilanne

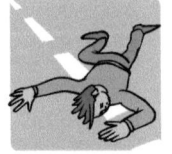

inconsciente

tajuton

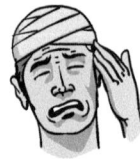

dolor

kipu

lesión

vamma

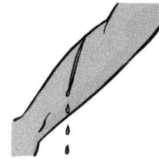

hemorragia

verenvuoto

infarto de miocardio

sydänkohtaus

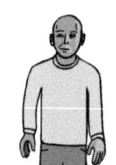

apoplejía cerebral

aivoinfarkti

alergia

allergia

tos

yskä

fiebre

kuume

gripe

flunssa

diarrea

ripuli

dolor de cabeza

päänsärky

cáncer

syöpä

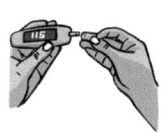

diabetes

diabetes

cirujano

kirurgi

escalpelo

veitsi

operación

leikkaus

TC

ct

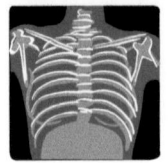

rayos X

röntgen

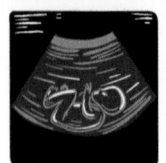

ultrasonido

ultraääni

máscara

maski

enfermedad

sairaus

sala de espera

odotushuone

muleta

sauva

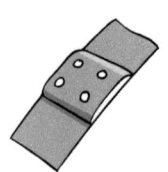

emplasto

laastari

vendaje

side

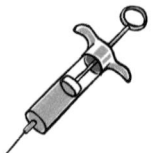

inyección

pistos

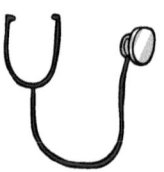

estetoscopio

stetoskooppi

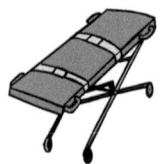

camilla

paarit

termómetro

kuumemittari

nacimiento

syntymä

sobrepeso

ylipaino

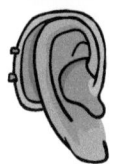

audífono
kuulolaite

desinfectante
desinfiointiaine

infección
infektio

virus
virus

VIH / SIDA
HIV / AIDS

medicina
lääke

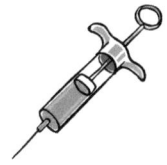

vacunación
rokotus

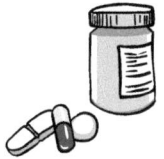

comprimido
tabletit

píldora anticonceptiva
pilleri

llamada de emergencia
hätäpuhelu

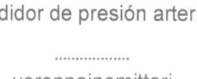

medidor de presión arterial
verenpainemittari

enfermo / saludable
sairas / terve

¡Ayuda!

Apua!

alarma

hälytys

asalto

ryöstö

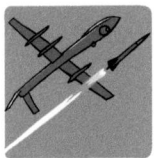

ataque

hyökkäys

peligro

vaara

salida de emergencia

hätäuloskäynti

¡Fuego!

Tulipalo!

extintor

palosammutin

accidente

onnettomuus

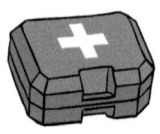

kit de primeros auxilios

ensiapulaukku

SOS

SOS

Policía

poliisilaitos

Europa

Eurooppa

América del Norte

Pohjois-Amerikka

América del Sur

Etelä-Amerikka

África

Afrikka

Asia

Aasia

Australia

Australia

Atlántico

Atlantin valtameri

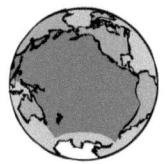

Pacífico

Tyynimeri

Océano Índico

Intian valtameri

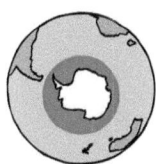

Océano Antártico

Eteläinen jäämeri

Océano Ártico

Pohjoinen jäämeri

Polo Norte

pohjoisnapa

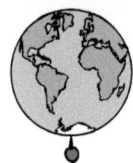

Polo Sur

etelänapa

Antártida

Antarktis

Tierra

maa

país

maa

mar

meri

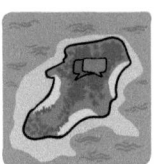

isla

saari

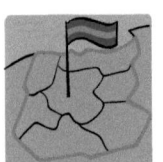

nación

kansa

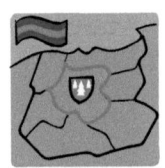

Estado

osavaltio

cuadrante

kellotaulu

horario

tuntiviisari

minutero

minuuttiviisari

segundero

sekuntiviisari

¿Qué hora es?

Paljonko kello on?

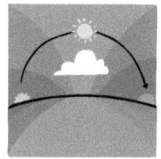

día

päivä

tiempo

aika

ahora

nyt

reloj digital

digitaalikello

minuto

minuutti

hora

tunti

semana
viikko

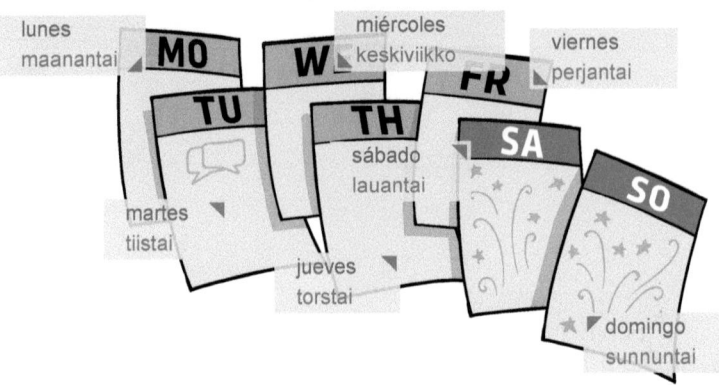

lunes
maanantai

miércoles
keskiviikko

viernes
perjantai

martes
tiistai

sábado
lauantai

jueves
torstai

domingo
sunnuntai

ayer

eilen

hoy

tänään

mañana

huomenna

mañana

aamu

mediodía

keskipäivä

tarde

ilta

MO	TU	WE	TH	FR	SA	SU
1	2	3	4	5	6	7
8	9	10	11	12	13	14
15	16	17	18	19	20	21
22	23	24	25	26	27	28
29	30	31	1	2	3	4

jornada de trabajo

työpäivät

MO	TU	WE	TH	FR	SA	SU
1	2	3	4	5	6	7
8	9	10	11	12	13	14
15	16	17	18	19	20	21
22	23	24	25	26	27	28
29	30	31	1	2	3	4

fin de semana

viikonloppu

año
vuosi

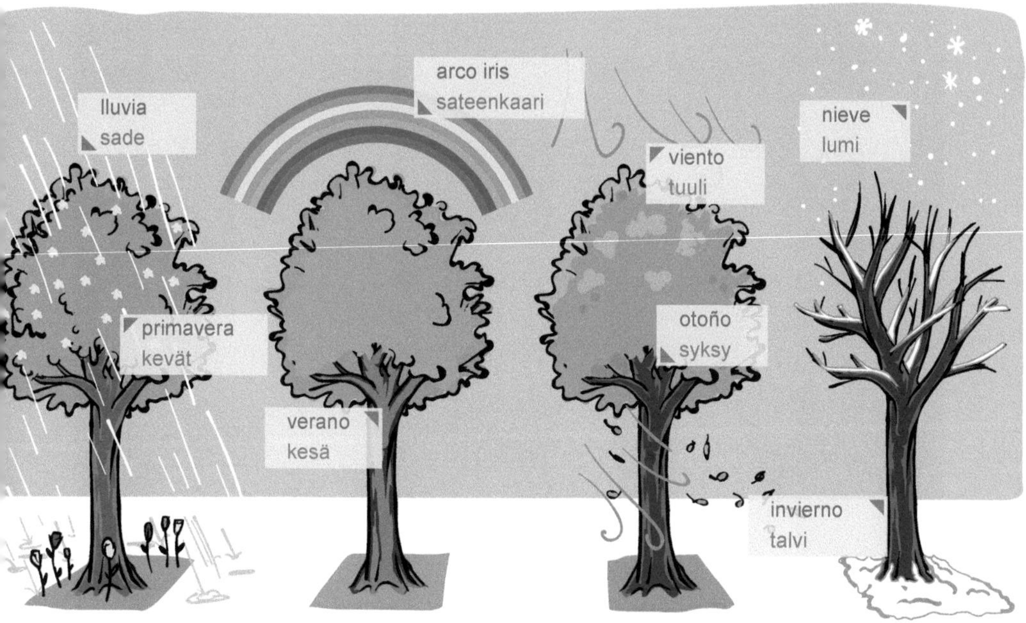
lluvia
sade
arco iris
sateenkaari
nieve
lumi
viento
tuuli
primavera
kevät
otoño
syksy
verano
kesä
invierno
talvi

4.APRIL 11°
5.APRIL 4°
6.APRIL 13°
7.APRIL 8°
8.APRIL 10°

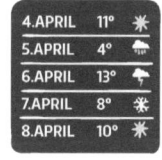

pronóstico meteorológico

sääennuste

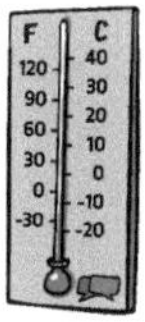
F C
120 90 60 30 0 -30
40 30 20 10 0 -10 -20

termómetro

lämpömittari

luz solar

auringonpaiste

nube

pilvi

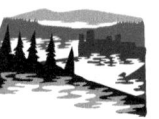

niebla

sumu

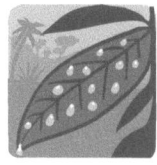

humedad ambiente

ilmankosteus

relámpago

salama

trueno

ukkonen

tormenta

myrsky

granizo

rae

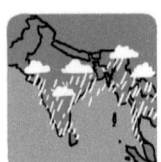

monzón

monsuuni

inundación

tulva

hielo

jää

enero

tammikuu

febrero

helmikuu

marzo

maaliskuu

abril

huhtikuu

mayo

toukokuu

junio

kesäkuu

julio

heinäkuu

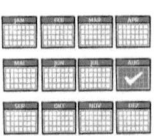

agosto

elokuu

año - vuosi

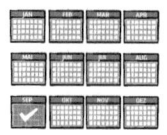

septiembre
....
syyskuu

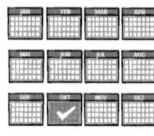

octubre
....
lokakuu

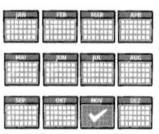

noviembre
....
marraskuu

diciembre
....
joulukuu

formas
muodot

círculo
....
ympyrä

cuadrado
....
neliö

rectángulo
....
suorakulmio

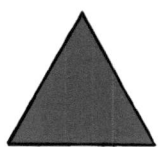

triángulo
....
kolmio

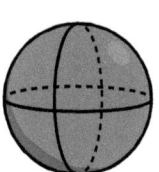

esfera
....
pallo

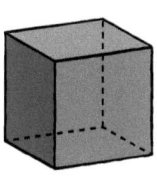

cubo
....
kuutio

blanco
valkoinen

amarillo
keltainen

anaranjado
oranssi

rosa
vaaleanpunainen

rojo
punainen

lila
violetti

azul
sininen

verde
vihreä

marrón
ruskea

gris
harmaa

negro
musta

mucho / poco

paljon / vähän

enojado / calmado

vihainen / ystävällinen

bonito / feo

kaunis / ruma

comienzo / fin

alku / loppu

grande / pequeño

suuri / pieni

claro / oscuro

vaalea / tumma

hermano / hermana

veli / sisko

limpio / sucio

puhdas / likainen

completo / incompleto

täydellinen / epätäydellinen

día / noche

päivä / yö

muerto / vivo

kuollut / elävä

ancho / angosto

leveä / kapea

disfrutable / no disfrutable

syötävä / syömäkelvoton

malo / amigable

paha / kiltti

excitado / aburrido

innostunut / tylsistynyt

gordo / delgado

lihava / laiha

primero / último

ensimmäinen / viimeinen

amigo / enemigo

ystävä / vihollinen

lleno / vacío

täysi / tyhjä

duro / suave

kova / pehmeä

pesado / liviano

painava / kevyt

hambre / sed

nälkä / jano

enfermo / saludable

sairas / terve

ilegal / legal

laiton / laillinen

inteligente / tonto

älykäs / tyhmä

izquierda / derecha

vasen / oikea

cercano / lejano

lähellä / kaukana

nuevo / usado

uusi / käytetty

nada / algo

ei mitään / jotain

viejo / joven

vanha / nuori

encendido / apagado

päällä / pois päältä

abierto / cerrado

auki / kiinni

bajo / fuerte

hiljainen / äänekäs

rico / pobre

rikas / köyhä

correcto / incorrecto

oikein / väärin

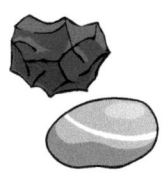

áspero / liso

karhea / sileä

triste / alegre

surullinen / iloinen

breve / extenso

lyhyt / pitkä

lento / veloz

hidas / nopea

mojado / seco

märkä / kuiva

caliente / frío

lämmin / viileä

guerra / paz

sota / rauha

0

cero

nolla

1

uno

yksi

2

dos

kaksi

3

tres

kolme

4

cuatro

neljä

5

cinco

viisi

6

seis

kuusi

7

siete

seitsemän

8

ocho

kahdeksan

9

nueve

yhdeksän

10

diez

kymmenen

11

once

yksitoista

números - numerot

12

doce

kaksitoista

13

trece

kolmetoista

14

catorce

neljätoista

15

quince

viisitoista

16

dieciséis

kuusitoista

17

diecisiete

seitsemäntoista

18

dieciocho

kahdeksantoista

19

diecinueve

yhdeksäntoista

20

veinte

kaksikymmentä

100

cien

sata

1.000

mil

tuhat

1.000.000

millón

miljoona

inglés

englanti

inglés estadounidense

amerikanenglanti

chino mandarín

mandariinikiina

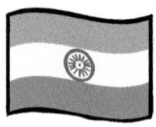

hindi

hindi

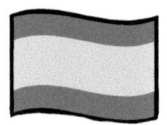

español

espanja

francés

ranska

árabe

arabia

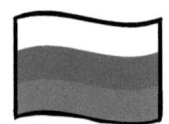

ruso

venäjä

portugués

portugali

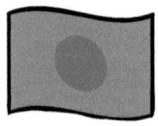

bengalí

bengali

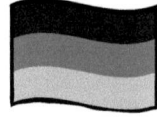

alemán

saksa

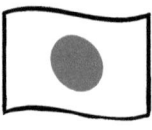

japonés

japani

yo

minä

tú

sinä

él / ella

hän

nosotros

me

vosotros

te

ellos

he

¿quién?

kuka?

¿qué?

mitä / mikä?

¿cómo?

miten?

¿dónde?

missä?

¿cuándo?

milloin?

nombre

nimi

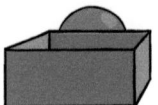

detrás
....
takana

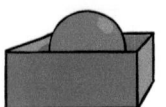

en
....
sisällä

delante de
....
edessä

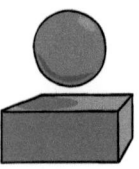

encima de
....
yläpuolella

sobre
....
päällä

debajo de
....
alapuolella

junto a
....
vieressä

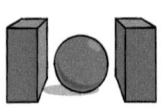

entre
....
välissä

lugar
....
paikka